AF607302
AVERSO

PARAÍSO ARTIFICIAL

RICARDO LLOPESA

Número 41 de la Colección **AVERSO POESÍA**

Paraíso artificial

Edición al cuidado de Averso Poesía
www.aversopoesia.com

hola@aversopoesia.com

Imágenes de cubierta: Triomf van Bacchus, linker plaat (1543), Cornelis Bos, Giulio Romano y Maarten van Heemskerck. *Baco con un mono,* Hendrick ter Brugghen. *Rawpixel.*

Primera edición: diciembre de 2024
ISBN: 978-84-10027-51-0
Depósito Legal: GR 1823-2024

Impreso en España - *Printed in Spain*

El papel utilizado para la impresión de este libro está calificado como papel ecológico y procede de bosques gestionados de manera sostenible.

PARAÍSO ARTIFICIAL

RICARDO LLOPESA

EDICIÓN DE PEDRO GANDÍA

EL UNIVERSO ENTRE LOS DEDOS

El arte es artificio, técnica; en cualquier caso, *una cosa mentale,* que precisara Leonardo y luego repitieran Poe, Valéry, Duchamp, Beuys y tantos otros. Para el dual Pessoa, el arte era lo que lo sacaba de aquí. Perfecto solista del espíritu es el poeta vidente —el poeta ha de serlo—, transformando los sonidos en colores, los colores en música y número, todo sonando como la música de las esferas en nuestro mundo imperfecto; porque no hay perfección, aunque por ella matemos, por más esféricos que sean los paraísos creados, jardines de delicias de la tierra, la perfección de la esfera. Esfera como escafandra también, en esta edad del poder, del poder del dinero (radiactivo, destructivo), para intentar sobrevivir en un aire saturado de amenazas y del desastre que se avecina, en una atmósfera mundial que no tiene arreglo, donde todos esperamos la próxima guerra. O esfera como acrópolis donde refugiarse del horror, en ascenso y sin freno, y de una sociedad impertérrita ante el mismo. ¿Cuánto horror es necesario soportar en esta hora del mundo para decir basta? Siempre es el artista el primero que lo percibe, que lo ve, que lo sufre. El artista vidente, que, desde el grito, se adelanta a mostrarnos el porvenir aterrador. Así los expresionistas alemanes nos adelantaron en sus obras el horror de la Gran Guerra; y así Pasolini nos mostró, su asesinato político dando crédito a su profecía, el vivo retrato de en lo que nos hemos convertido.

Este *Paraíso artificial*, paraíso de su propia creación, a la manera del simbólico paraíso o mundo lírico que William Blake llamara «Beulah» —idealizado mundo intermedio, sueño y visión—, la zona que rodea la Eternidad y en la que se comunica el mundo espiritual con el terrenal, Ricardo Llopesa lo dejó maquetado, con fecha 18 de mayo de 2013, en una carpeta virtual, con el rótulo «Para publicar». Compartía allí sueño, en el disco duro de su ordenador, con otras obras, la mayoría maquetadas también, fruto de sus investigaciones sobre Rubén Darío y el modernismo, además de obra propia, de narrativa y poesía, todas ellas esperando el momento de su publicación en la editorial del Instituto de Estudios Modernistas, del que Llopesa fue creador y director. Pero todo se detuvo, todo quedó en barbecho, en vacío, en nada, cuando cinco años después tocó a su puerta la joven Parca —la «divina *fanciulla»*, la llamaba Leopardi—, y murió como quiso.

Más que una trilogía, *Paraíso artificial*, dedicado «A los poetas que habitaron / el paraíso terrenal de la embriaguez», es un tríptico cuyas partes ya había publicado su autor por separado. Se trata de una alegoría de conjunto troceada, dispuesta en tres «paneles» de muy diversas técnicas y no mucha variedad cromática, que se intercomunican, dialogan entre sí, urdiendo en torno a ellos la trama que los recrea. El poeta *con-junta* aquí tres espacios a la manera de una instalación; me viene a la memoria aquella de James Lee Byars, «el autor desconocido más famoso del mundo», *The Perfect Moment*[1], de la que a Llopesa le hablé en su día y le sugerí que fuera a ver. También aquí el tríptico llopesiano, su instalación, lleva en sí la respuesta en la pregunta: el momento perfecto es el presente, la vida misma. Porque no hay más.

1. *The Perfect Moment*, instalación, Centro del Cármen-IVAM, Valencia, 6 de octubre de 1994 – 8 de enero de 1995.

Aparte de un poema añadido a *Paraíso terrenal* y otro eliminado de *Perversos*, los versos de *Paraíso artificial* son, en su mayoría, prácticamente idénticos a los ya publicados. Se advierte, no obstante, en unos pocos, alguna que otra corrección: un adjetivo por otro, una breve estructura gramatical que se elimina por innecesaria, dos versos cortos que ahora conforman uno, dos pequeñas estrofas que se juntan, una estrofa larga que se trocea, y es todo.

Son trozos, fragmentos, retazos de vida, fogonazos escenificados de la vida del autor —al fin y al cabo, un yo de papel, pues todo autor es ficción, un medio— «en este Paraíso terrenal, / intenso en orgías de alcoholes / y amores perversos». A veces son notas a vuelapluma, borrachos los ojos de visión, urdiéndose los versos en una red de simbologías comunes y correspondencias nuevas.

PARAÍSO TERRENAL[2]

La estructura alegórica de este primer «panel», que ostenta el simbolismo de centro, de piedra angular, *axis* del poemario en su conjunto, queda determinada por la acumulación y apropiación de imágenes

2. Esta alegoría en torno al tema del alcohol fue escrita en 1985, finalista del Premio «Ciudad de Valencia» en 1994 —aunque el jurado convino que el premio le correspondía por su calidad literaria, no se lo dio «por incitar a la juventud a la bebida»—, y publicada dos años después, el 20 de junio de 1996 (no de 1986, como consta por error en la segunda edición), en la colección *Ojuebuey/Poesía*, 2, de la Editorial Instituto de Estudios Modernistas, y, en una segunda edición, en 2001, en la colección «Poesía hispánica», 20, de la misma editorial, con una crítica de Ricardo Bellveser, aparecida en prensa (*Las Provincias*, Valencia, 21 de abril de 1996), a modo de prólogo.

de la mitología occidental (griega) y, particularmente, oriental (precolombina), para, transformadas con el *saint langage* de la poesía —aquí poético lenguaje coloquial, justo y mítico—, *co-producir*, en escritura estelar, sentidos diversos, desplazados.

Los seis primeros textos —«Herencia», «Los hijos del Olimpo», «El encanto de la nodriza», «Similitud del origen», «Antesala del paraíso» y «Conducción del pueblo elegido»— conforman un ciclo de tema mítico. Canta el poeta, en «Herencia», a sus ancestros, «hijos de la diosa Ebriedad / y el dios Vino», quienes, para nosotros, «tendidos sobre la mullida alfombra del vicio, / descifraron, en el ritual de los astros, / el divino secreto de la embriaguez». El mito clásico griego, el poeta lo renueva, lo reinventa, en «Los hijos del Olimpo»; y así vemos a Zeus alzando en el Olimpo un magnífico templo, consagrado a la felicidad; felicidad favorecida por ese «delicioso vino joven», ofrenda de Diónysos, que hará «caer ebrio, / sobre el polvo vaporoso del sueño», al mismo padre de los dioses. El dios ebrio, como constitución anímico-artística en contraposición al principio artístico de la distancia y la claridad apolínea, volverá a aparecer en «Similitud del origen», emparentado, por esa misma donación a la humanidad, con una deidad de los indios *niquiranos*, o nicaraguas; acaso Tomateot, el dios supremo, a quien presuntamente se dirige el poeta para darle las gracias por el don del vino, espíritu de sabiduría «que ilumina el alma de los hombres / y alimenta de esperanza las tristezas / del alma», e igualmente agradecerle por el vino «el concierto de una nueva sinfonía / de vida [...] / para alimentar de sueño la carne del tedio / y la carne dormida del sexo». El símbolo llopesiano del «sueño» conecta de algún modo con el soñar en Nerval. El autor de *Aurelia* lo llama «una segunda vida» y, adelantándose a Breton, afirma que «la verdadera realidad solo está en los sueños». Otra cualidad del alcohol quedará señalada en «El encanto de la nodriza»: la de «narcotizar» la tristeza, según la cita de Omar Khayyam. Veremos a la mítica progenitora convirtiendo la cebada en cerveza para «alimentar de sueño la libertad del hombre», una libertad de orígenes. En «Antesala del paraíso» el yo lírico nos dirá que el vino es «el líquido transparente del sueño» que nos conecta con el origen, pues «cuando ellos bebían / soñaban con nuestros antepasados». Y así el hombre alcanzaba el «corazón del cielo». Sueño, *rêverie*, vino, carne, sexo, temas muy recurridos entre los parnasianos y simbolistas, las fuentes del Darío-«rosa de carne» (la carne, material del deseo), espíritu es materia... Y, aunque todos los paraísos sean los perdidos, no existe pérdida si se recrean.

Ricardo Llopesa —«espíritu noble, / aunque sea perverso» se califica en «Los gatos de la noche» y se autoproclama «hijo del vicio» en «El encanto de la nodriza»— celebra el mundo, simbolizado en el habitáculo del poema «Conjunción de los cuerpos», como «esta habitación / que la noche verá convertida en festín dionisiaco, / en orgía envidiada por el mismo Ptolomeo». Porque, como indican unos versos de «Los burdeles de Masaya», el mundo es un burdel «donde se consuma / la ceremonia del júbilo». Nuestro «perverso» poeta, que, como tal, odia la realidad y desea escapar a su destino evadiéndose de los límites que impone lo real por hacer devenir lo imposible con la lucidez de quien siente la precariedad de la existencia, tiene vocación orgiástica, la del que apura la vida hasta las heces; de este modo, el poema se cierra con una aserción: «la vida, si breve, es más bella / si es emblema de corrupción de la materia». Es la urgencia por vivir la que hace responder al poeta a las palabras de contención del ángel vendado, símbolo de la esperanza ciega, del poema «El ángel ciego»: «No espero, el tiempo pasa, / la vida es breve». Y continúa bebiendo. El vitalismo de la composición está en la transmutación alquímica que el alcohol hace de la materia; materia ideal, soñado cielo en la tierra, porque «es más bello ver pasar el mundo / con los ojos iluminados de la ebriedad».

No faltan referencias sociopolíticas en este panel, en los otros dos se insinúan. Para nuestro poeta, el mundo exterior, sin el alcohol, es terrorífico, la cruda realidad del día. Y así se representa en «Martes trece». En el delirio y locura de su visión, contempla el mundo con ese malestar de lo extraño, presto a la náusea, al vómito. Se ve, en la casa y en la ciudad en que vive, sin distinguir entre una y otra, como en una «enorme prisión con guardias, / con espías, con policías, con detectives privados». Y allí se siente víctima de un estado irrespirable, sin libertad, el de un postfranquismo fascista con maquillaje democrático. Si de la apreciación del mundo como «cárcel» fray Luis de León se liberó contemplando en el campo la noche estrellada, aquí Llopesa, otro *des-terrado*, ser de aire encadenado a la tierra, que ha hecho del alcohol sus alas para alcanzar el paraíso, halla su liberación en la cantina, «donde todo se olvida, hasta el miedo». Próximo al pensamiento nietzscheano de lo ahistórico, es decir, el arte y la fuerza de poder olvidar y de encerrarse en un horizonte limitado, Llopesa utiliza el alcohol como vía de conocimiento, paradójico conocimiento del no conocimiento, con el que el poeta anhela olvidar hasta el olvido, desenmascarada la realidad aparente. También en «Evocación de la tristeza» la panorámica es triste, «infinitamente triste», resumida en una mala tarde. Pero al sujeto poemático, bebedor, no le afecta emocionalmente, receptivo a la lección de vida, a la razón del existir: «Una voz exterior, extraña, me dice al oído: / Hay un camino que va y otro que viene. / Tú estás a mitad del camino, sigue, bebe». Y obedece. Como en la mayoría de las composiciones, hay aquí una exhortación martilleante —*leitmotives* parnasiano-wagnerianos— a la bebida; el alcohol como escala o llave para alcanzar, ganar, el paraíso en la tierra, donde no cabe la tristeza. Beber es vivir y viceversa (*in vino vita*) para el hablante lírico. Sabedor de la vida por la iluminación etílica (*in vino veritas*), la vivirá en el alcohol, en la embriaguez, a lo *carpe diem* y en esa línea de la filosofía de los sentidos de Omar Khayyam: «goza de la bebida / porque el Destino te llevará a la Nada». Y la composición se cierra con una reflexión: «Quizá por eso sienta libre mi espíritu / y ayude mi voluntad a desterrar la tristeza». En esta misma línea está «Consejo a un adolescente», tal vez el poema más bello y esencial de la entrega, donde se exhorta al que estrena la vida: «apresúrate a beber el vino de Ispahán, / el vino espirituoso de Marsala, / el napolitano *Lacryma chisti*, / que la muerte solo se lleva contigo / el delirio de lo vivido».

Bebe el poeta «alabando la vida» desde la embriaguez, ya que esta, como afirma en el poema que lleva su nombre, «es tener el universo entre los dedos / y gozar de él». Conexión con el cosmos la del bardo borracho, emulando a sus antepasados, llegados de

Asia, del lejano Oriente, donde nace el sol. Fiel nuestro poeta al mandato de Tamagostad, el dios Sol de sus ancestros, creador del cielo, la tierra, las estrellas y todo lo demás, quien, en «Conducción del pueblo elegido» indica: «este es / el camino de la ebriedad, / el que debéis elegir», oficia, en su borrachera, el ritual de la celebración de la vida, fiesta sagrada de exceso y libertinaje, de desenfreno y orgía, donde el tiempo queda detenido en un eterno presente, ya que, como en el poema «Eternidad» se nos dice, «solo está dado al hombre la eternidad / en el estado puro de la embriaguez». Para el borracho, como indica un verso de la composición del mismo nombre, «su eternidad es el presente». Y, en «Predisposición al deseo», sus manos acarician «la mano del tiempo, con leve roce, / donde ya todo es remoto, / como un signo azul sin fronteras». En «La embriaguez», Llopesa, desdoblado en Rabelais, nos define dicho estado diciendo que es «mirar las cosas con ojos de niño; / es advertir el futuro desde el recuerdo, / contemplando, al mismo tiempo, el olvido»; para concluir: «en una palabra, es tener el universo entre los dedos / y gozar de él, bebiendo una copa de Languedoc / en los fumaderos de París». Y, en «El borracho», declara contundente: «Solo el corazón ebrio del borracho / es capaz de conocer la desnudez del alma». Siguiendo la lección de Alceo, «Bebamos, pues, bebamos», el sujeto poemático nos exhorta, en el poema didáctico «Los gatos de la noche», valiéndose de un baudeleriano intertexto: «Bebe. / Lo que sea, pero bebe».

A punto de cerrar esta primera parte, Llopesa ha incluido un poema nuevo, «Ron», entre «Paraíso de la eternidad» y «Brindis»; este último, conformado por una larga lista de «poetas, maestros, genios, beodos divinos, / hijos del Olimpo y hermanos de los dioses», poema-antesala, umbral de *Perversos*.

PERVERSOS[3]

El perverso es el que perturba, vicia. Toda perversión tiende a la *hybris*, a la subversión, a la transgresión. Perversión como desvío de la norma. El perverso es frecuentemente un esteta; la actividad perversa se ejerce más libremente si se cumplen ciertas condiciones estéticas. Insatisfecho ante la realidad, el arte se convierte, para el perverso, en el principio de la vida, de lo real.

Cada una de estas composiciones es el retrato trágico y tormentoso de un personaje literario. Valiéndose de escritores —Nerón era poeta—, Llopesa representa, con ciertas pinceladas de realismo sucio a lo Bukowski, su idea de perversión a través de estos maestros bebedores. Alcohol, hachís, opio..., puesto que cada tierra tiene su tesoro y nos lo regala, como dice el maestro Burroughs refiriéndose a las drogas naturales. No solo el alcohol les proporciona a todos ellos, Llopesa incluido, una evasión al cuestionar la realidad como vacío, y por eso huyen de ella, sino que también les facilita la huida de uno mismo, del ser mismo en cuanto al hecho mismo de que es, por ese movimiento

3. Se trata de una nueva versión de *Iluminados y perversos* (publicado en enero de 2006, en la Editorial Instituto de Estudios Modernistas, número 80 de la colección *La torre de papel / Poesía*). El poema «Alfonso Cortés», que aparecía entre «Baudelaire» y «Nerval», ha sido excluido de la entrega, por esa misma voluntad de economía expresiva que suprimió, del título original, la palabra «iluminados» en favor de una pincelada más sombría, acorde con unos versos que se nutren «del lado oscuro de la vida».

propio o particular vagar por el lado salvaje de la vida, que lleva a las mentes iluminadas de las necesidades al placer, del placer a la vergüenza, de la vergüenza a la náusea —náusea sartreana— y de esta a la evasión, ese salir del ser por una nueva vía.

Freud considera la perversión como las huellas de un culto sexual primitivo. Los versos de «Perversos» (perversos versos, juego perverso) nos muestran al ser humano en su desnudez; en la plenitud del espíritu, en la orgía de los sentimientos, que, por el contrario que en el fascinante solitario de Sils Maria, el dionisíaco Nietzsche, de audaces ofensas a su época, en enorme vacío y hermético silencio, es aquí orgía universal, ecuménica. La perversión, perversión no vicio, aunque también —la del ateo, contra la moral recibida—, queda ilustrada aquí por una serie de estampas a lo *Jardín de las delicias* del Bosco. Perversión como culminación de la libertad sexual, de la libertad de uno mismo —el diccionario no nos sirve con su significado moralista, distorsiona la propia libertad—, la más cara libertad.

Cada personaje está representado con una técnica diferente, en la voz de una segunda o tercera persona. Así, dirigiéndose a un «tú», el poeta nos pinta de un modo un tanto pop, muy próximo al *collage,* a Gérard de Nerval, con un juego de manipulación de su imagen-cliché (el significado de la imagen es su uso), potenciada con intertextos de sus textos manipulados a su vez, algún que otro brochazo de dura realidad y alguna que otra imagen o pensamiento. En «Arguedas», el retrato del perverso está ejecutado a modo de balada, la del personaje «al encuentro de Pachacámac y

Pachacutec» (en la primera edición eran Manco Cápac y Atahualpa) y «a la fiesta de Qoyllur Riti» (en la primera edición, Pachamama). Y el retrato de «Bécquer» nos desvela la imagen ocultada del representado, la de un sátiro sifilítico.

HOSPITAL PROVINCIAL[4]

Aquí la poesía llopesana, poesía testimonial y un tanto versicular, «donde el símbolo y los recursos [así rezaba en la contrasolapa de su primera edición] buscan comunicación a través de un lenguaje claro y coloquial», rechaza, desprendida de toda retórica, la sistematicidad como valor para producir, sin más, la palabra. Una palabra desnuda que no hace sino mostrar *su* realidad cotidiana, todas las realidades, incluso las superfluas, como es la sopa sosa, o frívolas, como son las enfermeras bonitas, en una inadecuada adecuación del discurso —la historia como discurso— a su objeto.

El juego textual, su especificidad, establece, en particular aquí, una relación de libertad en cuanto al modelo poético, reconstruyéndolo de tal modo que, más allá de toda «literariedad», el lector pueda percibirlo también como poema en prosa, por ese ritmo y marca de oralidad que lo define. La técnica de este estilo coloquial y desnudo del discurso da cabida a fragmentos del refranero popular («ni te cases ni te embarques»),

4. Este sombrío poemario, escrito en dos días, en el Hospital Provincial de Valencia, donde el poeta permaneció internado del 14 al 31 de mayo de 1996 (el mismo número de días que poemas tiene la entrega), testimonio en estilo coloquial de su estancia en dicho hospital, fue publicado el 20 de junio de ese mismo año, en la Editorial del Instituto de Estudios Modernistas, colección *Ojuebuey/Poesía*, 5.

a imágenes populares con las que se crean comparaciones («inmóvil como el reloj de Pamplona», «todo para quedar como el perro de Olías», «igual que los músicos de Lumpiaque», «golpeando dos tejas como a Cachano», «rostros más feos que el de Picio», «como pedrada en ojo de boticario»), al lenguaje jergal («tuve un mareo de bolo / arriando chanchos en algún camino», «y conste que no solté ningún adefesio»). Pero también, como contrapeso, Llopesa salpica su lenguaje poético con tecnicismos médicos (arteriografía, claustrofobia, lumbar, trombosis), marcas, seguramente, de su año de estudiante en la Facultad de Medicina —su madre lo había enviado a España a estudiar esa carrera—, unos términos que fueron siempre parte de su vida.

Si la biografía, según Roland Barthes, es una novela que no se atreve a confesar su nombre, el juego llopesiano de creación autobiográfica, tras haber experimentado el poeta con su embolia «el roce del ala de la muerte», como llamó Baudelaire a esa misma sensación experimentada, hace de *Hospital Provincial*, donde «la vida escapa cada día», una sepultura. Cuando, en «Conducido por un camillero», el poeta percibe, en esa especie de mareo existencial de haber perdido pie, generado por el ritmo de la camilla, que todo huye hacia su fin, con la conciencia de haber también perdido todo lo que es, cierra el poema con un «ya no creo en la vida». Sin embargo, paradójicamente —Llopesa era anti *doxa*—, el hospital es también lugar de resurrección. Lugar de nacimiento y de muerte es el poema paisajístico «Amanecer», y sus dos estrofas son de cántico: la del amanecer, los pajarillos dando, con «una música alegre», la bienvenida al sol resucitado; y la del atardecer, en que, «como si los pajarillos regresasen a la muerte, / que es el sueño, ellos cantan la agonía del sol». Morimos y resucitamos muchas veces, dice Kazuo Ohno, creador de la danza *butoh,* danza en la oscuridad. Esa misma oscuridad en la que nuestro poeta, renacido a la vida, sabe a lo que renace, como en «Mañana» nos indica: «Me voy de esta pesadilla, / pero la vida es otra pesadilla». Y volverá a transformar la fea realidad con el alcohol, fiel a las enseñanzas de sus antepasados, convirtiendo así en circular la estructura de *Paraíso artificial*.

Todo queda rubricado en el último verso del «Último día», ya a punto de salir de la habitación y dejar el hospital, con la lección de vida aprendida y la convicción consiguiente, cuando asiste a «los últimos suspiros de vida / del anciano Felipe, un fumador que murió sin las botas / pero feliz de haberse fumado todo el tabaco que quiso / o al menos el que el cuerpo le permitió. / Ahora creo que cada uno muere como quiere».

El poeta ha muerto muchas veces como ha querido. «Quien no muere antes de morir es aniquilado cuando muere», dice Jacob Boehme. Así Llopesa, hecho obra —«l'oeuvre devore son pére», indica Paul Valéry—, no desaparece, y, siendo la lectura un acto de asimilación del papel del que habla, en ti, lector ideal, se encarna una parte de él y en ti pervive y no se disuelve en la nada.

Pedro Gandía, 2024

PARAÍSO ARTIFICIAL

A los poetas que habitaron
el paraíso terrenal de la embriaguez.

PARAÍSO TERRENAL

Herencia

«Sin freno, ni espuela, ni brida,
vamos cabalgando en el vino
a un cielo mágico, divino».

BAUDELAIRE

Nuestros padres, nuestros progenitores,
hijos de la diosa Ebriedad
y el dios Vino
—libadores ambos del sueño de la luna
bajo la cúpula serenísima del firmamento—,
tendidos sobre la mullida alfombra del vicio,
descifraron, en el ritual de los astros,
el divino secreto de la embriaguez.

Ellos fueron los primeros alquimistas
en la inmensa noche de la sombra.
Desenterraron, con sus manos primitivas,
el espíritu de la fruta
haciéndolo fermentar
en rústicas tinajas de arcilla
para convertir la pulpa ácida en grano líquido
al que bautizaron con el nombre de aguardiente.

Nuestros progenitores, nuestros antepasados,
son nuestros padres,
porque de ellos heredamos
la embriaguez.

Los hijos del Olimpo

«Bebo antes que tú para darte ejemplo;
te invito a beber».

DE LA ANTIGUA TRADICIÓN GRIEGA

El dios Zeus hizo levantar en el Olimpo
un magnífico templo de marfil blanquísimo
recamados los capiteles con hilos finos de oro
como lágrimas de niño,
consagrado a la Felicidad.

Hizo traer al joven Dionisos
levantándolo de su gruta, entre sátiros y ninfas.
Durante el día corría desnudo entre la primavera
del bosque, saciando su sed en la fuente de Naxos.

Dionisos llevó consigo unas semillas de uva negra
que, en una tarde, verdecieron de pámpanos.

Sobre la copa áurea del gran dios
vertió el fauno el delicioso vino joven.
El dios Zeus bebió el vino exquisito
rodeado de la blanca desnudez de las ninfas
que hacían caricias en la nariz del dios.
Unas levantaban hasta él la punta rosada de sus pies
mientras bailaban una danza de caderas,
adornadas con guirnaldas en el cuello,
tejidas de pámpanos,
que palpitaban de amor sobre los dorados senos
al son encendido de agudos carrillos
soplados por sátiros mirones.

Cuando el dios cayó ebrio
sobre el polvo vaporoso del sueño,
todas corrieron desnudas a su encanto.
Lo rodearon de amor, lo cubrieron de besos
y lo violaron. Solo una, la más tímida
de las ninfas, contuvo la emoción en un suspiro.

El encanto de la nodriza

«Cuando este néctar te inunde,
narcotizarás tu tristeza».

OMAR KHAYYAM

Era el mundo un oasis de sobriedad
en medio de la conjunción oscura del universo.
Quiso nuestra nodriza, por voluntad divina,
alimentar de sueño la libertad del hombre
y bajó al monte para tomar del campo,
que entonces era verde como un vergel,
un manojo de espigas amarillas, doradas bajo el sol,
y se puso a triturar los granos, uno a uno,
volcada sobre una piedra de moler.

Todo el día y toda la noche
la nodriza, nuestra madre,
permaneció doblada sobre la piedra de moler,
dale que dale, hasta que sus pálidas manos
sangraron de tanto machacar el grano.

Había convertido la cebada en harina blanca
como el copo de una nube de cielo,
ensangrentada de la sangre de sus venas azules,
para que nosotros, en el largo hilo
de la herencia, hijos del vicio,
pudiéramos disfrutar el divino placer de la cerveza.

Similitud del origen

«Nada mejor que el vino: ya se apure
en pobre taza de pulido barro,
o ya lo escancie joven Ganimedes
en áurea copa...».

MANUEL GUTIÉRREZ NÁJERA

Al tiempo que tú, oh padre divino,
otros hombres, en otras tierras,
descubrían, como tú, el espíritu de la fruta
en las ubres negras de la uva,
que ilumina el alma de los hombres
y alimenta de esperanza las tristezas del alma.

No la vida sino el concierto de una nueva sinfonía
de vida había brotado de súbito en el mundo
para alimentar de sueño la carne del tedio
y la carne dormida del sexo.

Allí, con otro nombre,
al mismo caldo, claro y opaco,
llamaron *aqua vitae, vinum sublimatum*,
espíritu de sabiduría
escanciado en pobre taza de pulido barro
o en copa de oro cincelada por mano ateniense.

Antesala del Paraíso

«Llenemos las copas,
celebremos los dones».

MARIO CAJINA-VEGA

Cuando Tzacol dio órdenes a Bitol:
«Muele estos huesos de maíz
en la piedra de moler»,
y Bitol obedeció porque sabía
que Qaholora, el dios padre,
el que engendra los hijos,
los alimentaría con la resina
de las tinajas, Tepeu el soberano
compartió con su pueblo libre
el líquido transparente del sueño.

Cuando ellos bebían
soñaban con sus antepasados.
Soñaban con U Qux Cho,
con U Qux Paló,
con U Qux Cah,
soñaban,
encendían palos mágicos
de ocote como cirios
y entraban en el Reino.
Solo a ellos estaba permitida
la entrada al Reino. Por eso,
cuando bebían, alcanzaban el Reino
y el Corazón del cielo,
como nosotros.

Conducción del pueblo elegido

«Si vivo es porque bebo».

VILLEGAS

Tamagastad, poderoso como una
estatua de piedra, incólume,
revestido del manto sagrado de plumas,
dijo así a su pueblo: «Este es
el camino de la ebriedad,
el que debéis elegir.
Ese otro conduce a la sobriedad.
Son muchos los que han bebido
y seguirán bebiendo en el mismo río,
pero el último beberá igual al primero».

¡Loado sea el maestro!

El ángel ciego

«Mejor el fuego líquido, mejor que mejor,
mejor que mujer tomemos esta copa inteligente,
este cordial licor».

ERNESTO MEJÍA SÁNCHEZ

Hay una esperanza ciega,
como un ángel vendado,
que se acerca y me dice al oído: «Espera».
Y una voz mía que responde,
en secreto, a la esperanza:
«No espero, el tiempo pasa,
la vida es breve».

De repente me llega, como una inspiración,
el arrebato del olvido, y digo:
«La vida es bella,
qué bella es la vida,
pero es más bello ver pasar el mundo
con los ojos iluminados de la ebriedad».

Consejo a un adolescente

«¿Cómo cantarían el vino, esos desgraciados
que ni siquiera saben beber?».

RICHEPIN

Sin darte cuenta llega, con paso lento
de asaltante, la edad inservible de la vejez,
y de nada vale la pureza del decoro
ni importa la sobriedad vivida.
Siempre llama a la puerta
con mano altanera de prostituta.

Date prisa, muchacho,
apresúrate a beber el vino de Ispahán,
el vino espirituoso de Marsala,
el napolitano *Lacryma chisti*,
que la muerte solo se lleva contigo
el delirio de lo vivido.

Conjunción de cuerpos

«En el regio banquete que acaba de empezar
solo un pequeño sorbo del vino del azar
mis frescos labios han probado».

ANDRÉ CHÉNIER

Todo ha sido dispuesto en armonía
para la conjunción de los cuerpos.
Sobre la mesa resplandece el mantel de etiqueta.
El cuarto huele a romero fresco
y perfume de copal envasado.
Tu copa y la mía las desbordan
burbujas hirvientes de champán de Clos de Vougeot
y los sillones de terciopelo rojo
aguardan el encuentro de los cuerpos.

Al lado, la cama maciza dispone
de almohada de plumas,
sábanas de seda traídas de Oriente
con una enorme ave del paraíso bordada en el centro,
para que tú puedas entrar y salir,
sin ser oída por los vecinos,
en el paraíso terrenal de esta habitación
que la noche verá convertida en festín dionisiaco,
en orgía envidiada por el mismo Ptolomeo.

Primera resaca

«Los escitas tenían fama
de grandes bebedores».

FEDERICO BARÁIBAR

A la mañana siguiente despiertas del olvido
y entreabres los ojos
para palpar el día en tus pupilas
y de nuevo tienes que cerrarlos
porque la luz hiere tu sueño.

Acaricias suavemente tu cuerpo
y pasas la mano sobre tu cabeza,
con el único deseo de sentirte vivo.
Pero es imposible reconciliar
la pesadilla del sueño, partido en dos
por el cuchillo de la angustia,
y sientes que la acidez del vómito
te llega caliente a la lengua,
al tiempo que te sube un dolor hiriente
por las sienes. En ese instante,
toda el agua del mundo es poca
para tu sed infinita. Bebes.
No paras de beber. Tus labios
y la boca, resecos,
quemados por el licor de la noche,
te obligan beber. Es la resaca, dirás.

Sí, realmente, es la resaca. Gózala,
vívela, y no te arrepientas nunca.
Es tu fiel compañera.

Los burdeles de Masaya

«A mitad del camino del vino».
CARLOS MARTÍNEZ RIVAS

Los burdeles de Masaya son sombríos
como la noche, y como la noche sublimes.
El humo de los cigarrillos nubla la luz,
y los sábados al atardecer
se llenan de hombres borrachos
que beben al ritmo de la música de burdel,
como en los alegres *guinguettes* de París.

Las putas, ah las putas, bailan el sexo
en el centro de ellas sobre sus tacones altos
y los labios de la muerte despiden la luz roja
de los cuartos en la noche, donde vuelcan,
como diosas del amor, la exquisita bilis del vicio.

Los burdeles de Masaya, donde se consuma
la ceremonia del júbilo, son alegres como las noches
de fiesta, y como las fiestas, trágicos. Pero alegres.

Gangrena, sífilis, chancro, gonorrea,
diosas del vicio, diosas del placer divino.
No importa. La vida, si breve, es más bella
si es emblema de corrupción de la materia.

Alegoría

«La fortuna y el vino
se parecen en los tragos».

ALARCÓN

Esta juventud de padre y madre,
que gozo hasta los huesos,
a tu lado me devuelve,
oh, alcohol,
los cuatro caminos que cruzo
en la noche serenísima.

Con solo nombrarte mi palabra te posee
(Shiraz, Borgoña, Madeira, Jerez, Oporto,
Málaga, Champaña, Meursault, Rioja),
y yo te invoco, puro y reconfortante,
desde las cicatrices de mi infancia,
cuando te soñaba en el lecho,
de raza y brioso, dulce como el sueño,
pero áspero como
la endemoniada agua verde del ajenjo.

Eternidad

«No dejar morir el gusanito alcohólico».

MIGUEL ÁNGEL ASTURIAS

Todo tiempo bueno
exige un buen trago de guaro
donde la eternidad se edifique.
Si son dos tragos, mejor que uno.
La eternidad, señora del universo,
sabe colmar de sabiduría suprema
los dones terrenales de la dicha.

Cuando son tres los tragos,
los tragos glorifican el porvenir,
patean las puertas de la eternidad,
vociferan lenguas de fuego
donde habitan cenizas calcinadas,
y un himno solemne de grandeza
brota del alma del universo.

Por eso,
solo está dado al hombre la eternidad
en estado puro de embriaguez.

La embriaguez

«Quédese aquí el puro licor de Baco».

CATULO

¿Qué es la embriaguez?, preguntó Verlaine
a Rabelais entre las llamas del infierno.
La embriaguez es mirar las cosas con ojo de niño;
es advertir el futuro desde el recuerdo,
contemplando, al mismo tiempo, el olvido;
es tocar con la yema de los dedos
el ojo de cuanto nos mira;
es alcanzar la plenitud de vida
que libera de cadenas las manos;
es como navegar regiones de la mente
donde existen todavía universos por descubrir;
es ver la luz de las estrellas del infierno
desde la oscuridad del día;
es sentir en el cuerpo, frágil y ligero,
una exquisita levitación sutil;
es llegar al fondo de las cosas
con las propias manos
y extenderlas hasta el más lejano infinito;
en una palabra, es tener el universo entre los dedos
y gozar de él, bebiendo una copa de Languedoc
en los fumaderos de París, dijo Rabelais.

Armonía

«Sin vino, no hay corazón».

LOPE DE VEGA

Tan solo en el alcohol existe armonía.
Entrad a esa taberna erigida como pirámide,
la ciudad entera la respeta.
Es la catedral del alcohol
con columnas armoniosas de botellas.
Ved a los hombres beber las copas
a ritmo lento, trago a trago,
una copa y otra copa.
Oíd sus voces interiores
armonizadas en las palabras
y aprenderéis que el destino,
al brindar, golpea sutil sus copas,
como las cuerdas de una guitarra.
Es la armonía.

Recinto de la ebriedad

«Donde se bebe, se habla, se sueña».
VERLAINE

En las tabernas se reúnen a beber los desengañados
que el tedio y el desasosiego abate,
sin ser este su oficio ni el golpe de suerte
que buscaron en vida,
donde dejan desgranados, entre botellas vacías
y ceniceros llenos de colillas,
pedazos de otros corazones, con palabras
perdidas para siempre en el eco de la música
que cimbrea loca en el aire viciado por el humo.

Ebriamente cada cual expone con gravedad
su punto de vista, calla y bebe
el divino licor, sin escuchar,
repitiéndose la ruleta de voces en la alta noche.

La embriaguez cabalga
el potro de alcohol vertiginoso.
El galope etílico de los tragos
termina por vencer el sueño
y excita la frágil memoria del recuerdo.
Resucita el amor perdido, que es fruta
de corazón corrompido en brazos del desengaño,
y el hidalgo y aturdido parlanchín,
conquistador de almas,
bosteza el amor con solemne abatimiento.

La botella

«Vino quiero y vino pido».

TIRSO DE MOLINA

Amo de ti tu cuello largo de garza,
que mira el cielo con orgullo,
y tu ancho cuerpo sin caderas.
Amo tu espíritu,
donde mis sueños reposan
su blanda quietud nocturna.

Contigo me acuesto en la noche
sin estrellas
y, al levantarme,
con el nuevo día te poseo de nuevo.

Creada para el amor,
naciste del parto de la fruta
y eres hija del viento.

Pero yo te amo, seas así nombrada,
ultrajada, mancillada,
en otros recintos,
por hombres y mujeres infames
que violentan tu sexo
al descorchar tu virginidad.

Los días en que te ausentas
acosan mi costado las heridas del desaliento
y añoro tu suave mano líquida
posarse sobre mis labios.

Invoco tu nombre,
te conjuro en la alta noche.
Evoco tu sombra,
el perfil redondo de tu espalda
y, cuando llegas,
reconozco el golpe seco
de tus pasos de vidrio
sobre la mesa.

Ritual del bebedor

«Bebió un sorbo del vaso casi intacto
y su cuerpo tuvo una sacudida, debido
quizás a la fuerza del alcohol».

JUAN RULFO

Mirad el porte elegante y solemne
de ese bebedor de aguardiente.
Un cierto ritual mágico lo ennoblece.
La estirpe le obliga a mirar con fijeza
el vaso lleno. Olfatea, hondamente,
hasta aspirar todo el espíritu del alcohol
y, de un solo trago, bebe
como quien se bebe el mundo.

Con los ojos cerrados escupe,
y su rostro dibuja una cicatriz en el ceño
con el desgarrado gesto del suplicio.
Es el violento encuentro de los espíritus.
Mastica un pedazo de limón con sal,
bebe agua y luego se limpia la boca
en la manga de la camisa.

¡Qué horrible!, exclama,
sacudido por el golpe,
y pide otro.

El borracho

«En la garganta de un beodo muerto
se quedan las palabras que despreció la poesía».

ROQUE DALTON

Decir mañana es nombrar un día impreciso
que no existe en el calendario del tiempo.
Yo digo mañana y evoco una quimera.
Es el rostro abatido de la esperanza
que sonríe con los ojos vendados del desasosiego.

El bebedor no tiene mañana,
vive con el día y se acuesta con la muerte.
El mañana es la sombra pálida de hoy
en los labios del borracho que niega el ayer,
porque el borracho no claudica del presente.
Es de acero el corazón del borracho.

El borracho, conocedor del misterio de las flores,
bebe la hiel del corazón humano
en una mano y, con la otra, acaricia
la eternidad luminosa.
Levanta su copa de vidrio al viento
con extraña sonrisa en los labios
y bebe alabando la vida.
Su eternidad es el presente.
Junta unas cuantas aceitunas verdes en el plato,
una música melódica con unos trozos de queso
y alaba la abundancia.

Solo el corazón ebrio del borracho
es capaz de conocer la desnudez del alma.

Los gatos de la noche

«Bebamos, pues, bebamos».

ALCEO

Cuando en la noche te asedie la sed,
levántate. Incorpora de súbito tu cuerpo
y ponte las zapatillas de andar por casa.
Pero, levántate.
Que el demonio no vaya a jugarte
la mala pasada de dormirte
por negligencia. Bebe.
Lo que sea, pero bebe.

No permitas que tu espíritu noble,
aunque sea perverso,
angustiado por la terrible sed nocturna
abandone desposado tu cuerpo
en busca de agua donde saciarla
y, en el camino oscuro,
donde medran las sombras,
donde tantas desgracias suceden a diario,
se lo coman los gatos de la noche,
que salen a la caza
de las ratas y los espíritus,
y mueras.

Andrés Morris

«Toma la copa y bebe; la fuente está en ti».
RUBÉN DARÍO

Ese Andrés Morris era un extraño personaje
que al beber, siempre apoyado el codo sobre la barra,
lo hacía de la manera más extraña
por la lentitud de medir el trago
que no emborracha. Pero bebe
y mucho. Cuando llega la noche
es capaz él solo de vaciar una taberna.

Este Andrés Morris, cargado de años,
a otros puede parecer un falso bebedor,
porque bebía con la lenta pausa
de los bueyes al andar,
pero esta no es sino una fórmula cifrada
para beberse todo el alcohol del mundo.

A muchos conocí en Managua, en San José,
en París, en Tegucigalpa, en Madrid,
que quisieron aprender el ritmo
y la melodía del licor,
pero terminaron, en contra del uso,
consumiendo el tiempo de beber.

Evocación de la tristeza

«Es que tengo alegre la tristeza y triste el vino».

BÉCQUER

Esta tarde, que es como todas las tardes
del mundo, es infinitamente triste.
Digo infinitamente triste
porque esta tarde se ha venido toda
contra mí, con todo el terrible peso
de todas las tardes del mundo.

Y, sin embargo, no estoy triste.
Algo pasa porque no estoy triste.
Toco mi conciencia y la siento tranquila.
Miro mis pies y no puedo decir
que estén cansados del camino.
Una voz exterior, extraña, me dice al oído:
«Hay un camino que va y otro que viene.
Tú estás a mitad del camino, sigue, bebe».

Recuerdo el olvido y, en realidad,
me ayuda poco a olvidar lo olvidado.
¡He bebido tanto!
Quizá por eso sienta libre mi espíritu
y ayude mi voluntad a desterrar la tristeza.

Martes trece

«Bebed mucho, cuanto pueda llevar un río».
VILLON

Hoy es martes y trece
y no quiero salir a la calle
por miedo a que me suceda algo.
Sin embargo, las cuatro paredes
de la casa que habito
me parecen los muros de una cárcel.
Y la ciudad en la que vivo,
una enorme prisión con guardias,
con espías, con policías,
con detectives privados,
y hasta supongo que, a esta hora del día,
alguien, en alguna parte, se muere
de miedo como en una cárcel.
Sí, se muere y la familia alista
la caja y la mortaja.

Desde mi cuarto miro a la gente
pasar de prisa, en el mercado, correteando
entre las moscas. De prisa por volver a casa
y encerrarse como en una cárcel.
Mañana, igual. Lo mismo.
Por eso no siento tristeza al recordar
el día en que a un amigo le dieron
la casa por cárcel, sin ser martes ni trece.
Era un día como hoy. Un día propicio
para el encuentro con la cantina,
donde todo se olvida, hasta el miedo.

El pájaro de la noche

«Solo Dios sabe cuánto bebí».
EDGAR ALLAN POE

En alguna parte de la noche, alguien,
tras beber toda la noche,
desvelado, de pronto, se levanta.
Pone sobre las dos manos abiertas
la cabeza y piensa. Como un pájaro
que atraviesa el cristal de la ventana,
sueña. Se pone las zapatillas y suenan
sin eco los pasos en la noche,
la casa vacía, la sombra de los muros,
la música de las cantinas, apagada,
dictando la conciencia.

Vuelve como el pájaro de la noche al nido
y solo se oye el agua que cae en la cisterna,
detrás del pasillo. Después una gota
y otra gota, como las gotas que caen
de los tejados después de la lluvia.

Maquinalmente, pone la cabeza
sobre la almohada y duerme
con la conciencia tranquila,
en alguna parte de la noche.

Predisposición al deseo

«Y enamoradas ansias
dalas al dulce olvido
con espumosas tazas».

MELEAGRO

Esta lenta quietud de la tarde
pintada con nubes de lluvia,
el libro abierto entre las manos,
la música lenta en el recuerdo
que dibuja a un alguien impreciso,
ausente, lejano, con la mirada triste
puesta en las cosas que quedaron
en el olvido, acarician
la mano del tiempo con leve roce,
donde ya todo es remoto,
como un signo azul sin fronteras,
sentado, junto a la ventana,
me produce el sano deseo
de beber un vaso de whisky.

Maridaje del beodo

«Lléname, esclavo amado,
las copas de vino generoso».

TIBULO

Solo por ti mis manos aprendieron
el ritmo lento de levantar la copa.
Los vasos, las botellas y hasta los barriles
de roble viejo, forjaron en ti la forma diaria
del amor al que te debías.

Y esa forma de entrega por ti cedida,
cuando abrías tu corazón a mis labios
sin decir palabra ajena, muda,
es el regocijo de saberte dueña
de todos mis alcoholes.

Memoria de la noche

> «Entró el Pocas Pulgas con una botella de tequila en una mano y otra de mezcal Xicoténcatl en la otra».
>
> MALCOLM LOWRY

La noche, ese imperativo
de la memoria.
Afuera, la lluvia cae y cae
sin cesar. Y aquí,
el chorro de la luz dicta
las líneas de la escritura.
Los ojos cerrados de la serpiente.

Apenas las huellas sobre la arena,
las pisadas sobre el polvo,
la marca de los zapatos
en el encerado del piso
y la corriente que corre
a la orilla de la acera.
Una orquídea en el camino.

Los señores de Xibalbá dijeron:
«¿Quiénes son esos que vuelven
a jugar con botellas sobre nuestras
cabezas y que nos molestan
con el tropel que hacen?».

Y las voces de los hermanos
Hunahpú, respondieron:
«Somos las sombras

que jugamos a borrachos
en la oscuridad del día,
con las cabezas que la noche
convertirá en sombras».

Los diablos azules

«El alcohol produce en nuestros
sentidos una vibración».

JULIO RAMÓN RIBEYRO

Llega un día en que la noche martillea el recuerdo
como una película en blanco y negro.
Sobre la pantalla de los ojos abiertos,
cruza un galope de furias salvajes.
La Hidra de siete cabezas
muestras los dientes ensangrentados de siete bocas
y Agamenón, derrotado, levanta su espada magnífica.
Un desfile de beodos, miserables, asesinos,
prostitutas, enanos y gente de mal vivir,
hijos de la tempestad del amor perverso,
se postran ante tu lecho, amenazantes.
Los rostros se desforman en la sombra de la noche
con mil caras de crueldad desafiante.
Los ojos rojos, redondos como monedas,
saltan gelatinosos sobre tus sábanas.
Ríen con risa cruel y abren las bocas horribles
para morder tu carne. Las manos grotescas alargan
como manos infinitas de rateros, estirándose
hacia ti. Gritan, aúllan, chillan,
con voces extrañas escuchadas por Dante
en su propio infierno. El poderoso Thor,
implacable, alza formidable contra ti
su gran mano con guante de hierro
que empuña el martillo potente.
Tu cuerpo se agita convulsionado, tiembla

de horror. Es la hora del arrepentimiento,
la hora de la angustia. Gritas.
Son los duendes del alcohol,
los diablos azules que te visitan
anunciándose como tus nuevos compañeros.

Paraíso de la eternidad

«¡Oh, bebedores desesperados, bebed!».
RIMBAUD

Un flujo serenísimo de partículas ionizadas
sopla del viento solar.
La cibernética ha conquistado el espíritu
que mueve una mecánica celeste.
El hombre manipula, en sustitución de la palanca,
las teclas del ordenador;
domina el campo magnético de los astros;
mide la distancia en años luz
y con su mirada telescópica de gran potencia
ausculta más allá del firmamento otras galaxias,
otros soles, otros mundos.
Se escriben libros en computadoras
para ser leídos en pantalla.
El planeta protesta contra los cisnes.
Se anuncia un mundo nuevo,
el triunfo de Calibán, que dijo el poeta,
pero, aunque todo cambie y la vida se transforme,
el hombre, como ayer, seguirá libando.
Lo dijo Tamagastad, con palabras de profecía:
«El último beberá igual al primero».
Y el vientre de la semilla
que Dionisos transportó al Olimpo
contendrá, en el racimo negro,
el néctar y la ambrosía
que el hombre, como los dioses divinos,
beberá eternamente.

Ron

«La única forma de vencer una tentación
es dejarse arrastrar por ella».

OSCAR WILDE

Recuerdo aquella taberna metida entre lo oscuro,
todos borrachos, todos fumaban, sobre el piso de tierra,
discutían en el turbio anochecer.
El humo denso y las voces.

Era el ambiente sórdido de funeral lúgubre.
Pedí ron de caña,
olí y bebí de un trago como indio en cantina.
Aquel ron divino era el licor más exquisito.
Cada vez que lo bebo siento en la boca
una flota de terrenos navegando en mi saliva,
la boca se impregnó de mil aromas de rosas silvestres,
me muerdo de rabia los labios,
hago una gárgara infinita con el aire que sopla
y limpio de impurezas mi sangre y mi vida.

Bebo.
En ese instante llega Ron, mi amigo,
se posa delante del mostrador
con sus dos brazos atléticos
y muchas ganas de beber aquel ron de caña.

Es luna llena con cielo negro
la luna llena el espíritu despierta

con sus demonios de perdición,
con su ángel malo de la guarda,
y cada quien busca en la noche la compañía perversa
donde descansan los tugurios de marcha alegre
que traen la paz y la tranquilidad de la alegría.

Brindis

«Mas quiero yo que ahora derramado
temple mi taza».

SIMÓNIDES

Poetas, maestros, genios, beodos divinos,
hijos del Olimpo y hermanos de los dioses:
salud, Dionisos
salud, Omar Khayyam
salud, Villon
salud, William Shakespeare
salud, André Chénier
salud, Baudelaire
salud, Edgard Allan Poe
salud, Paul Verlaine
salud, Tristan Corbière
salud, Rubén Darío
salud, James Joyce
salud, Malcolm Lowry
salud, Hemingway
salud, Scott Fitzgerald
salud, Bellorini
salud, Manolo Cuadra
salud, Juan Rulfo
salud, Roque Dalton
salud, Ernesto Mejía Sánchez
salud, Andrés Morris
salud, Charles Bukowski
salud, Mario Cajina-Vega
que ahora estáis reunidos junto a reyes,

príncipes, artistas y bohemios
en medio de las llamas eternas del infierno,
que ganasteis en este Paraíso terrenal,
intenso en orgías de alcoholes
y amores perversos, ¡salud!

PERVERSOS

Verlaine

Divino maestro de vicio y perversión,
hermano lascivo de Pan y Dioniso el borracho,
hermano de Apolo, ruiseñor del Olimpo.
Villón, ¡oh maestro Verlaine!, hubiese compartido
tu mugriento cuarto de la rue Moreau,
viejo, sucio, ruinoso;
barrio Cour Saint-François,
muy siglo XVIII en el XIX;
hubiese compartido el verde ajenjo,
noches de baile en el prostíbulo
con tu novia la pringosa Princesa Pelirroja,
puta pobre, barata,
que te amaba.

Un día te visitaron René Ghil y Mallarmé
para salir de putas, en los mierdosos bistrós;
y tú callejeabas con tus zapatos sucios,
sin un céntimo, solo, arrastrando la miseria por las calles
y esa borrachera espantosa rompió tu pata gotosa.
Tu pobre madre llevó del pueblo sus mimos
para cuidarte con devota alegría de madre,
pero no cabía en tu miserable cuartucho
y subió al piso de arriba, a casa de los vecinos,
donde murió tiritando de frío.
Los vecinos intentaron en vano
ayudarte para que vieras morir a tu madre,
que se moría de pena.
Fue imposible.
La escalera de madera vieja, estrecha, lo impidió

y tu pata rota
y tu eterna ebriedad.
Parecías Sileno en brazos de los sátiros
bebiendo uva fermentada.

El féretro de tu madre, oh divino poeta,
príncipe borracho del vicio,
de *carpas* y vagabundos,
tampoco pudo bajar.
La tuvieron que sacar con cuerdas por la ventana
como un enorme mueble inservible.

En aquel cuarto inmundo
donde todo olía mal, a miseria,
a soledad, ahí, oh divino maestro,
bajaba el ángel de la inspiración
y también el dios perverso de la lujuria
y cubría tu cuerpo de bestia con su velo.
Subías a las alturas y escribías los versos
exquisitos, sublimes, de *Fiestas galantes*,
Liturgias íntimas, *Sagesse*
y los inmortales *Poemas saturnianos*.

Ahora que miro tu retrato,
amarillo, barbudo, solo,
marcado por la tragedia y el genio,
tu cabeza alborotada de Sócrates antiguo
me recuerda al terrenal vividor que fue Epicuro,
y te veo como a un sagrado dios perverso y libidinoso
que algunas veces se convertía en Verlaine
para alcanzar el corazón humano.

Nerón

I

En su inmenso palacio de mármol,
tumbado sobre su trono de marfil,
entre cojines de seda lisa,
Nerón pulsa su lira de oro
y canta una canción desafinada y triste,
que es serpiente de inspiración divina.

El emperador detiene su canto de urraca,
descansa su lira sobre la regia alfombra persa
y contempla entristecido
lenguas de fuego y llamas
que arrasan los arrabales de Roma.
Postrada a sus pies una esclava siria
pule las uñas divinas con barnices y laca de Oriente;
una muchacha gala abanica la cabeza soberana
espantando las moscas del oro de los laureles.
Otra esclava nubia, rubia y bella,
con bolas de ámbar en las manos blancas
apura el masaje sobre la espalda desnuda.

Roma arde,
y la urbe se purifica
desangrándose.
El canto del emperador es cada vez
más lánguido
y torpe,
lúgubre
como el espanto del espectáculo.

Séneca y Petronio callan a su lado.
Solo se oye la voz ronca del divino Nerón,
el chasquido de las llamas carbonizando los cuerpos
el crujir de la madera
y el grito de los moribundos.

El omnipotente emperador del orbe
camina,
lentamente
se dirige hacia la imperial ventana.
De sus ojos brotan lágrimas de dolor
y hasta él llega una esclava medio desnuda
con un lacrimatorio en la mano
y en los tobillos el chischil de cascabel.
El emperador llora
y deposita una lágrima
para la posteridad,
interpretado magníficamente por Peter Ustinov.

II

Nerón tuvo una vida demasiado breve
por donde escapó su genio, el arte
de la nueva Roma de su inspiración.

Manos asesinas precipitaron su odio contra él,
apretaron con odio la mano del suicidio,
ignorantes de la edificación de una enorme urbe
más bella que todo el lujo imperial.

El magnífico palacio de la discordia,
todo él bruñido en oros y brocados
es hoy gozo y placer para los sentidos
desenterrado veinte siglos después.

Maldito sea el odio que lo sepultó, enterrándolo,
ocultando el genio y la locura
del todopoderoso emperador de la tierra.

¡Dios lo tenga a su diestra!

Darío

I

El magnífico Darío era todo él musicalidad.
Un día, el poeta Machado preguntó al azur:
«¿Dónde fue la armonía a buscar?».

Cuando su pluma escribía,
su pluma corría sola sobre el papel,
solo necesitaba de la mano,
deslizarse dulcemente sobre el papel
para danzar entre la música de los versos.

A veces, la pluma cogía demasiado impulso,
era como una locomotora loca, corrí
y corría
sobre la espalda blanca del papel,
dejando una estela de garabatos
como esas señales de humo en el cielo de los indios.
Fue él ángel terrenal
iluminado por signos pitagóricos.
Diríase hijo de un dios griego
nacido en Nicaragua.
Zeus lo habría tenido al lado de Apolo,
coronado de laureles
y una lira en la mano
entre montes llenos de ninfas.

Pero, resulta que este hermano de Apolo
prefería ser hermano de Dioniso

y el mismo Baco lo tomaba de la mano
camino a las bacanales
donde el poeta bebía
en la propia copa de Baco,
hasta caer al suelo,
vencido por el vino,
borracho.

II

Era ángel terrenal señalado con el dedo por los dioses,
bondadoso como el mismísimo Francisco de Asís.
Era, a la vez, arcángel caído del cielo.

Cuando el poeta se enganchaba en la rueda
de la embriaguez, no bajaba, el trayecto era infinito,
perdía el sentido del regreso al pasado,
hasta que caía hecho polvo, derrotado y borracho,
sobre el lodo de la historia como un cerdo.

Más que humano era centauro ebrio y fornicador,
ávido de placer epicúreo y terrenal,
en la mesa el vino y en la cama la carne.

El poeta perdido, el inmoral,
como los héroes de las grandes maratones
sabía descansar la resaca sobre blanda almohada,
enfermo y agónico, entre el sueño de una luz
que poco a poco le devolvía a la luz terrenal.

El poeta cogía lápiz y papel
y escribía versos angelicales,
versos que tenían la suerte de volar sobre alas de pluma
hasta rozar los pies del Dios de los pecadores.

Hubo un día, en Madrid,
después de muchos días desiertos
que escribió unos versos dedicados a Colón
el navegante.

Los días se convirtieron en mármol,
y el poeta tenía de piedra la inspiración,
hasta que, por fin, la luz llegó
dentro de una botella de brandy
de la mano del joven Juan Ramón.

El poeta se encerró a soñar.
Bebió.
Cuando abrió la puerta,
el poeta soltó un vómito de palabras extrañas:
«¡Ínclitas razas ubérrimas, sangre de Hispania
fecunda,
espíritus fraternos, luminosas almas, ¡salve!»...

Maupassant

Solo el áspero veneno de la sífilis
pudo apartar de tus manos de gigoló
los muslos rosados, el nácar
de las prostitutas callejeras
de la rue Saint-Honoré
y poner en su lugar la tinta mágica de la estilográfica,
capaz de crear:
a) la belleza estéril de las palabras inútiles
b) el don donde el genio crea el universo.

Magnífico, bravo, poderoso Maupassant,
Hércules del sexo,
carpintero de la lujuria,
esclavo de la carne,
de *cocottes*,
nacido para el amor, para amar, poderoso maestro;
fuiste potente portento del placer.
Yo, humilde carpintero tapa agujeros,
doblo mis rodillas y te reverencio.
Eres el *toro bretón*,
como te llamó Flaubert con admiración.
Para el zorro verde de Daudet
¡alcanzabas a dar satisfacción
a las mujeres
con una reiteración excepcional!

¡Qué maravilla!
Eres sátiro y dios, a la vez.
Bestia en celo

y formidable semental de potreros de putas.
Eres el divino Apolo de los burdeles,
reyezuelo de los prostíbulos.

Un día el átomo macabro de la sífilis
—la temida *verole*—
tocó la punta gorda de tu pene,
y escribiste a tu amigo Pinchon:
«Tengo la sífilis;
en fin, la verdadera.
No la miserable gonorrea
ni la eclesiástica uretritis
ni las burguesas crestas de gallo.
No. No, la gran sífilis,
esa de que murió Francisco I
y de eso estoy orgulloso,
¡desgracia!
Desprecio por encima de todo
a los burgueses.
¡Aleluya!, tengo la sífilis;
en consecuencia,
ya no tengo miedo de cogerla».

¿Tu sufrimiento, querido maestro,
fue de este mundo
o del mundo que proporciona el placer?
El arsénico, el yoduro de potasio,
la morfina, la cocaína,
el éter, la antipirina
y tanta mierda.
Los dolores de cabeza,

el insomnio, la ceguera,
la pérdida de memoria,
la tartamudez, la incapacidad.

¡Pobre Maupassant!
Tú mismo dijiste un día:
«Cuando escribo diez líneas
mi pensamiento se escapa
como el agua de un colador.
Apenas he trabajado media hora
cuando las ideas se enredan
y se perturban
al mismo tiempo que la vista».

¡Venerad, siglos venideros,
a este arcángel de la sífilis!

Un día triste de lluvia se sintió tocado
por la mano asesina de la muerte
y el frío filo de un cuchillo abrió su cuello.

Pero, no murió.
El día llegó cuando la muerte,
cómplice de los vicios más sublimes de la vida,
decidió que su venganza estaba echada.

Bajo la pesadilla bochornosa y depravada de la sífilis
—según criterio de los más doctos de la época—,
el gran Maupassant, el maestro,
el dios, el omnipotente,
el toro bretón,

pudo escribir en diez años de enfermedad
trescientos cuentos y siete novelas
que lo sientan en el trono de los inmortales.

¡Quizá él hubiese preferido
el trono de los inmorales!

Baudelaire

Oh, tú, inmortal,
tú que dibujaste con garabatos la palabra
símbolos de la belleza;
tú que inventaste imágenes de sonido;
tú, genio de la palabra maldita,
por culpa de la perversión de tu sífilis
padeciste de horrible afasia,
perdiste el camino de la expresión
y el timbre grueso de la palabra.

No era por ti merecido castigo cruel
impuesto por putas vagabundas
de sucios bistrós
de Saint Germain des Prés,
donde consumías cannabis
entre el humo envejecido de viejos cafés
y música alegre en noches bohemias de París.

Fundaste el *Club de los fumadores de hachís*
donde compartiste el humo sagrado de Oriente
con Gautier y Balzac;
bebiste el divino vino de Borgoña
hasta la saciedad
y nadie duda de la inmoralidad de tus versos,
donde catas la verdad de la vida
con sus crápulas,
sus cópulas
y sus vicios.

Oh, desdichado,
el cerebro traicionó tu destino
ofrendándote un derrame que paralizó
tu áspera sonrisa de visir oriental
hasta el resto de tus días, y legó a tu boca
la negación de la palabra.

Tenías 46 años cuando la sombra estéril de la muerte
se avalanzó como garrapata sobre tu frente de genio.
Yo fui a visitar tu tumba un lóbrego día de octubre
bajo el sol grisáceo de París.
Pude verte en el cementerio de Montparnasse,
pero ya nada queda de ti, sino los despojos
que no quisieron comerse los animales de la muerte.

El tiempo ha pasado y tu obra sigue viva
conducida por el carro de lucidez de las drogas,
como tus perversas *Flores del mal*
y ese libro de moral moderna que se llama
Los paraísos artificiales,
donde hablas de la «eclosión
de una ebriedad misteriosa»
y sobrenatural,
signo del nuevo tiempo
que viene montado sobre su caballo de fuego,
cabalgando de prisa
sobre las naciones que se derrumban
como castillos de naipes.

Querido maestro, déjame decirte al oído,
para que nadie oiga lo que te digo en secreto:

«Diste al mundo ejemplo de moral sensata,
animaste al hombre a preocuparse por las cosas terrenales
y no por esa fría eternidad
que es en nosotros sueño que conduce a un paraíso
ebrio de promesas, promesas, promesas».

Vive, hermano, sí; pero, hoy;
no mañana, cuando el cuerpo es despojo.

Nerval

Tú eres el Tenebroso, el Desdichado,
Príncipe de Aquitania en la Torre abolida,
descendiente del patricio Nerva,
rey de la patria vagabunda,
derrotado, destruido, aniquilado por París.

Sueño de una pesadilla, eso fue tu vida.
Fuiste el loco deambulando
por las calles tétricas y sucias junto al Sena,
entre alcantarillas nauseabundas,
vagabundos y bistrós miserables.

Fuiste arcángel o demonio caído
entre chisteras negras del Cenáculo,
a un lado Hugo, al otro Balzac
y en medio Gautier.
En ti el espíritu de la cábala y la alquimia
surcó los caminos de la pesadilla,
alejándote de la realidad,
deprimido, melancólico, abatido, sin un céntimo,
indiferente al mundo moderno,
que levantaba la piqueta
entre el verde ajenjo y los alucinógenos.

Tu cuerpo regordete y feo
fue testigo de la más triste bohemia pobre
deambulando harapienta por las calles miserables.

Naciste con la espina del mal clavada en tu destino.
La locura te llevó al asilo del buen doctor Blanche
para quien los pacientes eran enfermos
y no bestias humanas,
donde se aprendía a ser uno mismo
y convivir con los demás,
en el trabajo diario,
sin cadenas ni camisa de fuerza.

La espina trágica creció en tu corazón
convirtiéndose en clavo venenoso.
A los 47 años no pudiste soportar más
ese clavo clavado dentro de tu alma
y la noche del 25 de enero fuiste detenido
por la ronda noctura de la policía,
junto a otros vagabundos, nifados y borrachos,
en las orillas del mercado Les Halles,
donde dormiste en la bartolina entre barrotes
y sobre el granito frío del piso,
cuartelillo de Chatelet, entre putas y chulos.

Saliste a la calle por la mañana.
Vagabundeas entre el olor pestilente
de las alcantarillas y las cloacas.
Llega la noche y el frío baja de cero
entre callejuelas de Les Halles frente a la soledad,
cenas en una fonda de mala muerte,
recorres prostíbulos, sórdidos cafés llenos de humo,
la musiquilla, el ir y venir de putas y maricas.

Entras por la oscura plaza Baudoyer,
te diriges a la calle Vieille Lanterne,
sucia, asquerosa, entre casas semiderruidas,
desatas de tu pantalón una cuerda de seda
—regalo de Madame de Maintenon—,
la cruzas por la viga del alero de una casa vieja,
subes a una piedra, le das una patada seca,
y tus pies cuelgan.

A la mañana siguiente,
con 15 grados bajo cero,
un hombre vestido de negro,
regordete y feo,
medio calvo,
sin abrigo,
cuelga de una viga
en la calle Vieille Lanterne,
junto a las aguas negras
que corren hacia el Sena.
Lleva en sus bolsillos
unos papeles manuscritos,
unas pruebas de imprenta
y un pasaporte.
Se llama Gérard de Nerval.

Arguedas

Puede ser el suicidio una forma de menosprecio.
Puede ser el suicidio una manera de alcanzar
la única verdad,
puede ser.

Puede ser un modo de renunciar,
una protesta contra la civilización
cada vez menos civilizada.

Cuando el novelista José María Arguedas
toma el camino del suicidio, fue al encuentro de la vida
aquel 28 de noviembre de 1969,
anunciado por él como fecha de su muerte.

Bravo indio quechua que diste brillo a la lengua
desde la valiente Lima que luchó contra los invasores.
Al parecer, Arguedas padecía de un mal psíquico,
eso que hoy llaman *depresión*
y agota el cuerpo y la mente
hasta la extenuación y la muerte.
Eso le impedía escribir,
y su crisis se prolongaba
hasta más allá de su deseo.
Pero, un buen día
conoció a una zamba prostituta,
gorda y joven,
llena de alegría,
que dio su amor al escritor.

Pero Arguedas se resistía a vivir.
No había nacido él para este mundo.
Pensó en las posibles muertes.
Descartó el doloroso veneno de los pobres
que hace retorcerse de dolor en la panza.
Descartó las vulgares píldoras que matan bien
pero a veces fallan, justo en ese preciso instante
en que la vida se separa del cuerpo.
Descartó ahorcarse,
a pesar de la efectividad de la ejecución,
pero no estaba dispuesto a producir ninguna sorpresa
a sus amigos al verlo colgado, meciéndose bajo el palo.

En verdad,
Arguedas había visto en los animales más nobleza
que entre los hombres. La vida para él era innecesaria
porque tenía pegazón de la muerte.
Disfrutaba revolcándose con los cerdos,
sentir sobre su piel las caricias húmedas de sus hocicos,
la dicha de sus dulces gruñidos en los oídos,
como cuando se revolcaba con los perros chuscos
llenándose de caricias,
comprendiéndose de amigo a amigo,
de perro a perro,
porque el hombre es también animal.
Un animal que piensa en voz alta para ser oído,
para ser venerado por los demás como un actor.
En cambio, el animal es noble.
Su gran teatro es la intimidad.
Por eso le gustaban a Arguedas
los cerdos y los perros,

porque los cerdos y los perros
guardan más dignidad que las personas.

Arguedas huía de la convivencia con los hombres
porque, como el animal doméstico, sabía
que los hombres prescindían de la amistad
si no era para explotar la virtud y el talento.

Al final eligió un revólver 22
como el medio más decente
para evitar molestias a los amigos.
Se apuntó en la sien y bastó un solo disparo.

Arguedas había entrado en el mundo oculto
de la serpiente emplumada, en el espíritu
del gran cerdo que se revuelca sobre el fango;
iba al encuentro de Pachacámac y Pachacutec,
al reencuentro de Huamán Poma y el Inca Garcilaso,
a la fiesta de Qoyllur Riti y la del Señor de los Milagros.

Bécquer

El divino Bécquer,
Gustavo Adolfo,
el poeta más exquisito de la poesía,
era todo espíritu, volátil, delicado,
suspiro de besos y rumor de alas,
sueño, sensibilidad, todo amor.

¿Quién que imaginando despierto no ha soñado
después de leer sus versos de lira y oboe?
Nadie en la lírica española
vio mejor el alma de la mujer
a través del ojo limpio del enamorado.
Nadie más romántico ni más sensual.
Estaba tocado por la varita mágica
de alguna dama enamorada
con corazón de nácar.
Nadie más puro ni más casto.
Por no tocar, no tocaba sino la punta del dedo.
En sus ojos una luz de ángel brillaba soñadora.
Parecía haber bebido en la fuente de la pureza.
Por no hablar, su voz opaca susurraba al oído.

Oh, divino Bécquer,
puso Dios en tu mano una pluma de ángel
solo para que tu mano
dibujara el espíritu de las niñas.
Nadie en tu siglo, ni más preciso ni más puro.
Nacido del amor viviste para amar.
Miro la mirada de tu retrato bajo el rizo,
luz celestial y divina.

Cuando llega la noche
y el mundo se vuelca sobre las sombras,
el poeta puro de la más pura pureza
se pierde en la negrura de la perdición nocturna;
entra en burdeles de mala muerte
donde se fuma y se bebe por poco,
entre música de organillo y humo.
Las musas divinas se convierten en putas
de carne y hueso.
El poeta cuelga su pluma de ángel bueno
en algún rincón mágicamente asqueroso de la noche
y sustituye su pluma de poeta
por su pluma de orgía.

Un buen día, con las putas, llegó la sífilis,
las cataplasmas, los ungüentos.
Las dolencias devolvieron al poeta la vida
porque el destino del hombre es la muerte.
Pero, todo se silenció.
El gran poeta, el poeta más espiritual
de la poesía española
no podía ser conocido por las miserias de su vida
cuando descendía los peldaños de la perversión,
hasta lo más hondo,
hasta el fondo, donde solo existe
la dulce amargura de la sífilis y la cangrena
para convertir en bestia
al sátiro que llevamos dentro.

Poe

Pasa, lentamente, un carro andrajoso
arrastrado por caballos viejos y flacos.
A su paso deja ruido de cascabeles y cacerolas,
hedor, suciedad y mugre.
Un hombre y una mujer,
borrachos,
arrastran los pies
entre el barro de las calles de Boston.

La tartana destartalada
parece una mujer gorda
sobre las patas cojas de unas muletas de goma.

Detrás, unos niños fúnebres caminan
hacia la muerte con el rostro marcado por la tristeza,
empujan el carro cargado de carpas viejas
y andrajos del circo ambulante.

El joven Edgar mira hacia atrás, el pasado
—desde la ventana de la Universidad de Virginia—,
el rostro macabro de su padre borracho, muerto,
el rostro pálido y tísico de la madre muerta,
el rostro de sus hermanos, los niños muertos,
hundidos en el barro de alcohol y tuberculosis.

Edgar también siente la llamada de la sangre.
Es el lirio negro de una mano que golpea
la conciencia
despertándola del sueño,

indicando los caminos virtuosos del vicio:
la calle etílica del alcohol,
la calle espirituosa del láudano,
la calle olorosa del opio.

Edgar conoció todas las calles del vicio.
Un día contrajo matrimonio
con su prima Virginia,
pero esta triste Ligeia fue conducida al cielo
por un coro de trapecistas de circo,
y el pobre Edgar bebió.
Bebió, bebió.

Solo Dios sabe cuánto bebió
el joven Edgar.
Apuró, tanto, tan de prisa,
que el *delirium tremens* pronto alcanzó su cabeza.

Su vida pálida se arrastró por las calles solitarias,
por las calles lóbregas de Baltimore,
por las tabernas tristes y oscuras.

Un día
encontraron
el cuerpo ebrio
de un hombre
borracho
tirado como perro
en un callejón estrecho.
Era Edgar.
Lo condujo al hospital una tartana.
Solo tenía cuarenta años.

Una mañana fría de octubre
fue enterrado en medio de la niebla
en el cementerio de Baltimore.
Nadie asistió al entierro. Nadie.
Nunca tuvo a nadie,
solo a Virginia.
De niño quedó huerfano, solo.
Desde el cielo, su amada Ligeia
cantaba con voz de oro
entre un coro de payasos de circo.
Solo el sepulturero y su ayudante
fueron testigos de aquel ataúd rústico
que aún despedía, por el camino de piedra,
ese rancio olor de los alcoholes malos.

HOSPITAL PROVINCIAL

Martes, 13 de mayo

Hoy martes trece de mayo
es festividad de la Virgen de Fátima.
De niño iba de la mano de mi madre
en días como hoy
a la parroquia de Nuestra Señora de la Asunción,
me postraba de rodillas sobre el reclinatorio,
bajaba mansamente la cabeza,
las manos cerradas debajo de la barbilla,
y rezaba las cuentas del rosario
entre el silencio grueso de las paredes.

Hoy también es martes trece de mayo,
pero es diferente. Estoy en el hospital
y las paredes son diferentes,
también sus gentes y hasta el silencio.
Aquí el silencio es otro,
el aire trae un olor extraño de muerte
y la vida es distinta al exterior.

Martes, 13 de mayo

(Mañana)

Seguro que hoy me levanté con el pie izquierdo.
No sabía que era martes trece,
día de esos, extraños, de los que se dice:
«Ni te cases ni te embarques».
Seguramente, fui imprudente.
Nada más desayunar salí a la calle.
Sin embarcarme me embarqué en un proyecto.
De repente, al cruzar la calle no pude,
las rodillas se me amarraron a un extraño dolor,
tuve un mareo de bolo
arriando chanchos en algún camino.

Una mano de arcángel malo me tocó,
sentí su dolor en mi cabeza y sueño y fatiga
y mis ojos casi se cierran al día.
Sin saberlo había sufrido una trombosis.

Martes, 13 de mayo
(Tarde)

Llega la noche, el día pasa,
yo sigo turbado de la mente.
Casi no hablo. Ni el sueño ni el reposo
ni el dormir ni estar despierto
resuelven mi problema.

Llego a urgencias del hospital,
la gente espera y se ve angustia en las caras.
Pienso que no tengo nada.
Vienen los médicos y las enfermeras,
me toman la tensión, me hacen un electro,
después me llevan a rayos X para ver el corazón,
luego me meten la cabeza en una turbina,
dicen que aquello se llama Tac de cerebro
y me detectan cuatro embolias
como cuatro bolas de jugar.

El análisis de sangre, cuatro horas después,
no da noticias nuevas. Lo nuevo es que estoy mal,
hablo peor que los indígenas del polo sur,
y mis miembros han perdido la fuerza como Sansón.
Ordenan mi ingreso en el hospital,
mientras tanto son las tres de la madrugada.

Conducido por un camillero

Conducido por un camillero de blanco,
que no es el Tigre, ni mucho menos,
voy acostado en una cama sobre ruedas.
Subo en ascensor al tercer piso
y me instalan en un cuarto oscuro.

No se ven caras, solo escucho ruidos extraños
de respiración y gargantas que luchan contra la muerte.
Algún ronquido raro hiere los sonidos sordos.
Pienso en la muerte.
La siento cercana, a mi lado o enfrente.
No sé. Pero cerca.
Un avión atraviesa el cielo de la madrugada,
casi no se oye. Cuando llega la mañana
todos somos seres vivos,
pero ya no creo en la vida.

Amanecer

Cuando amanece se escucha la música,
una música alegre que cantan los pajarillos.
Desde la ventana puedo contemplarlos pequeños,
de plumas oscuras, como pequeños mirlos,
saltan de rama en rama y en cada salto
emiten un canto gris como la mañana.

Cuando atardece vuelven al nido entre las ramas,
buscan su lugar cada uno con su pareja
saltando de rama en rama y cantando.

Pero ahora el canto es lúgubre y triste
como la despedida del día o la vida que se va.
Como si los pajarillos regresasen a la muerte,
que es el sueño, ellos cantan la agonía del sol
y me traen recuerdos de otros ponientes
con otros pajarillos en otros tiempos.

Habitación N.º 10

Hay días terribles como la adversidad del destino
cuando la suerte falta y hasta la bolsa enflaquece.
Noches terribles de insomnio sin cielo ni noche
cuando los ruidos y los ronquidos
son perceptibles como las pisadas de un gato
y se oye el latir del corazón en el silencio
y el roce de la sábana que huele a huesos tensos.

Estoy interno en el Hospital Provincial,
ocupo la cama número 4,
habitación número 10
del tercer piso de Neurología.

Es la primera vez que estoy en un hospital,
me ha gustado la cerveza y el ron,
fumar tabaco rubio y hasta jugar con mujeres,
me siento encerrado como en una cárcel.

Como no es un caso muy grave
el viernes por la tarde, a las dos,
como en la cárcel, me darán permiso para irme a casa,
pero tengo que regresar el domingo a las siete
poco antes de cenar.

Olor de hospital

Aquí, entre cuatro paredes blancas,
hay un olor especial a hospital
que penetra incisivo por la nariz,
se introduce por el cuello
y recorre todo el cuerpo hasta el cerebro.

Es un olor particular,
propio de los hospitales.
Está en todas partes,
en todos los rincones.

Los enfermos están impregnados de este olor.
Es un olor informal a formol, a éter,
a alcohol, a medicina derramada,
una mezcla de varios olores difuminada en el aire
igual a todos los hospitales del mundo.

El tiempo

En este hospital el tiempo se puede tocar,
se puede tocar con los dedos su paso lento,
lentísimo. Se pueden tocar los minutos
a su paso por la ventana, apretarse
con la yema de los dedos como una mosca
o un grano minúsculo de trigo.

El tiempo transcurre lento.
Entra por la ventana a través de la luz
y se queda dormido sobre un sillón negro,
inmóvil como el reloj de Pamplona.

El tiempo solo corre a la hora de la comida
porque el cuerpo se mueve, en conjunto,
igual que la maquinaria de un reloj:
manos, mandíbulas, dedos, brazos, boca,
todo para quedar como el perro de Olías.

Las enfermeras

Las enfermeras tienen fama de bonitas.
En verdad, son bonitas.
Se pintan los labios y son sensuales.
Tienen el andar dulce, suave,
caminan sonriendo las caderas,
con cadencia, con ritmo,
para ser admiradas por los médicos,
los enfermeros, los anestesistas, los camilleros
y los que llegan de visita.

Ellas tienen la sonrisa en los labios.
Se saben diosas del amor
y saben fingirlo,
sobre todo cuando hablan.
De sus bocas salen besos como rosas
y miel pura.

Mi doctora

La doctora que me atiende
tiene los ojos verdes
como los ojos de esmeralda
que Fidias puso a su Minerva.
Su cuerpo es delgado como la caña junto al río,
sus senos son dos frutas tiernas,
y me gusta su mirada apasionada.
Es dulce. Tiene que ser dulce
como la miel en los labios de una flor.
Ignoro su nombre. No me importa.
Yo, simplemente, la llamo doctora.
A veces, mi doctora.
No sé hasta cuándo.
Ella entra y sale como el viento,
pero deja su aliento de rosa,
su eco de mujer,
su sonido de pasos.
De lo que sí estoy seguro
es que ella no se lleva nada de mi corazón.
Debe ser una mujer muy sensata.

El barbero

El hospital tiene su barbero oficial,
pasa miércoles y viernes al mediodía.
Hoy se disponía a afeitar la barba de un anciano
enfermo del corazón.
Llenó de espuma la barba del anciano,
afiló la hoja ancha de la navaja de barbero,
levantó la navaja sobre la nariz del anciano
y, antes de afeitarle el bigote,
el anciano murió de paro cardíaco,
entre el brillo de la navaja y la otra mano,
sin ser el barbero tan bruto
como dicen del señor de Alfocea.

Esperando a la enfermera

Igual que los músicos de Lumpiaque,
me quedé hoy en ayunas,
esperando que me sangraran
para analizar la urea.

En lugar del timbre
debí llamar a la enfermera
golpeando dos tejas como Cachano,
y conste que no solté ningún adefesio.

La sopa

Esta sopa sosa no me gusta.
Ni esta lechuga sin sal.
Ni este pollo asado
al que falta una salsa chilindrón.
Sin embargo, la camarera que trae la comida,
Luisa, me gusta. Me gusta, como Olga,
cuando ríe y cuando camina.
Ríe como todas las demás,
como María de los Demonios,
porque en cada bandeja de comida
la camarera piensa que es la última.

En los hospitales, en todos los hospitales,
sabemos el día que entramos
pero nunca el día que salimos.
Muchos salen muertos
y los que mejor suerte tienen, mutilados.
Pero todos, absolutamente todos,
tocados de algo. Aunque solo sea
por la mano suave de una enfermera.

Resonancia

Dentro de unos minutos me llevarán a resonancia.
Dicen que es un tubo blanco
como un cohete espacial,
con máscara de hierro
y sonidos extraños, extraterrestres.
Dicen que quienes padecen claustrofobia
no lo soportan. Desesperan y gritan,
porque es como estar dentro de un ataúd de aluminio.

Después de salir no era para tanto.
Peor se pasa en la punción de columna,
un pinchazo en seco con una enorme aguja
para extraer líquido lumbar,
y, en la arteriografía, ya no se diga,
que te meten por la vena de la ingle
una sonda que va hasta el estómago.
Esto sí es quedar molido como alheña.

Los hospitales

En los hospitales se ve el sufrimiento humano.
Se ven los rostros que el dolor angustia,
se ven los ojos del desasosiego,
se ven los labios cerrados a la alegría,
se ve el dolor.

Para conocer el dolor
habría que visitar los hospitales,
visitar cama a cama el rostro del enfermo
y el rostro del pariente.

En los hospitales habita la desesperanza
por ser recinto que abriga la derrota del cuerpo.

Hay rostros más feos que el de Picio,
más feos que el sargento de Utrera,
encogidos, deformados.

Solo a los niños digo:
«No entréis nunca en los hospitales
encontraréis la muerte debajo de la piel.
Será para vosotros como pedrada en ojo de boticario».

Hospital provincial

Mañana saldré del hospital.
En el fondo siento una tristeza lánguida.
Ya no oiré a Felipe, el vecino de la cama 3,
respirar profundamente hasta la desesperación,
como si luchara en solitario contra la muerte,
entre cables que van de un lado de su cuerpo
hacia aparatos con goteros, oxígeno y sondas.
Echaré de menos los ronquidos nocturnos
del carpintero que hizo las ventanas de este hospital
hace treinta años.
Ya no veré más a Feliciano, mi vecino de enfrente,
con sus golpes de respiración artificial
por un agujero de plástico en la garganta,
alimentado por Marcela, su mujer,
a través de una sonda transparente
inyectándole alimentos triturados
con una enorme jeringa plástica.

Por los pasillos todo es más terrible.
Enfermos que no hablan,
enfermos que no caminan,
enfermos impotentes, sin fuerza,
y el cura de visita cada mañana
en busca de almas que mandar al cielo,
entre médicos, enfermeras y ayudantes
que ven cómo la vida escapa cada día.

Mañana

Mañana estaré en la calle.
Ya no veré desde la ventana
las flores del madroño ni los pinos del jardín,
oleré el aire rancio de la ciudad,
el humo quemado de la gasolina,
volveré entre la gente, a oír sus disgustos,
sus discusiones, las peleas cotidianas.

Atrás quedará el hospital como un recuerdo,
más bien como una pesadilla,
sus paredes, su olor, el ir y venir de María,
de Vicente, de Parra, de Ana Pareja,
de Isidro Torregrosa, de Olga, de María José,
las tomas de tensión, las pastillas,
sin dormir, medio dormido, sobre la cama.

Me voy de esta pesadilla,
pero la vida es otra pesadilla.
En verdad, salgo de una pesadilla para ir a otra.
Solo puedo dar gracias a los míos,
y a mis médicos,
y a Manolo y a Armando y a Raúl,
que hicieron posible que todo saliera bien,
y que saliera. Aunque
presiento que ya nunca más puedo ser libre.

Último día

Esperaba a la doctora vestido sobre la cama.
Era la hora de salir y la habitación estaba vacía.
El paciente de la cama 2 había sido dado de alta.
La señora de la cama 1 había salido
y su marido dormía inmovilizado por las trombosis.
Eran las dos de la tarde y yo desesperaba,
mi doctora me había dado plantón u olvido,
qué sé yo. Estaba nervioso, ansioso de que viniese.
Por única compañía, los once años de Nacho.
En eso oí de la cama 3 el llanto de la señora Amparo.
Me levanté y pude ver los últimos suspiros de vida
del anciano Felipe, un fumador que murió sin las botas
pero feliz de haberse fumado todo el tabaco que quiso
o al menos el que el cuerpo le permitió.
Ahora creo que cada uno muere como quiere.

ÍNDICE

Este libro se terminó de editar en Granada
en diciembre de 2024 por

www.aversopoesia.com
hola@aversopoesia.com